LE RETOUR
d'un
AMNISTIÉ

NOTES ET IMPRESSIONS

D'UN PASSAGER DU *CALVADOS*

Par Jules RENARD

PRIX : 50 CENTIMES

PARIS
IMP. C. MURAT, 53, RUE DE LA CHAUSSÉE-D'ANTIN
—
1879

Six lignes, et cela suffit à Renard pour nous montrer une de ces *marines* que la palette pyrotechnique de notre grand peintre Ziem sait si bien fixer sur la toile.

Et la soirée théâtrale à bord du *Calvados* ?

Des 839 personnes qui vivent sur le *Calvados*, bien peu manquaient à la fête. Les bastingages, les passerelles, les haubans étaient littéralement couverts de grappes d'hommes. Le ciel étoilé, dans lequel la belle constellation de la Croix du sud se détachait avec éclat, s'étendait majestueusement sur nos têtes, tandis que les vagues clapotantes, sur la crête desquelles se réverbéraient les lumières de la scène, venaient battre les flancs du navire. Au loin, on apercevait vaguement les linéaments confus de la terre australienne. L'heure, le lieu, l'imprévu de la situation; ces lueurs sur les eaux; ce calme des nuits tropicales; cette grande silhouette du navire se profilant fièrement sur le ciel bleu; ces applaudissements se répercutant sur les flots; ces centaines de spectateurs conservant tous, les uns après huit années d'exil, les autres après de longs et pénibles voyages, la gaieté, l'esprit, le goût français, tout contribuait à imprimer à cette soirée un caractère original et fantastique bien difficile à rendre en quelques mots.

Nous pourrions multiplier les citations, mais il ne resterait alors, de la brochure de M. Jules Renard, que les indications banales, les détails vulgaires, et tout cela tiendrait dans trois pages au plus. Par conséquent,

ons-lui la parole ; laissons aussi à ses
veaux lecteurs le plaisir et le soin de
rrêter où bon leur semblera, de goûter à
sir le charme du paysage, l'émotion du
cit, la mélancolie de certains tableaux.

Et maintenant, si l'on veut savoir qui est
« le citoyen » Jules Renard, nous répondrons
en deux mots. Se souvient-on de ce jeune
homme qui, apprenant la condamnation à
mort du brave et infortuné Rossel, sous les
ordres duquel il avait servi pendant la Commune, lui écrivit une lettre digne d'un
Spartiate et se constitua prisonnier aussitôt ?

« Cet acte, je le sais, — déclarait-il amèrement,
— paraîtra étrange à la génération ramollie et
débilitée qui a vécu sous l'empire ; mais ce n'est
pas là ce qui m'inquiète. Ma conscience m'approuve ; ma conscience, dis-je, et c'est assez. »

Renard fut condamné par les conseils de
guerre de Versailles à la déportation à perpétuité dans une enceinte fortifiée. Après
huit ans de souffrance et de cruelle expérience, il a l'immense joie de reprendre sa
place parmi ses concitoyens. Puisse sa voix
être entendue de tous ses anciens compagnons d'exil ! puisse-t-il persuader, d'autre
part, aux hommes actuellement au pouvoir,
que l'amnistie totale est conforme à la justice, à l'humanité, à la raison d'Etat, à la
pacification du suffrage universel !

Jules Renard a pour lui la logique et le sentiment : « Il faut généreusement oublier le passé pour ne songer qu'à l'avenir. » Les factions monarchiques embrigadées par le cléricalisme n'oseront plus montrer le bout de l'oreille, le jour où toutes les nuances de l'opinion républicaine auront liquidé les questions irritantes du passé, selon les désirs du pays, selon la morale, selon l'intérêt même du gouvernement.

J. POLLIO

Paris, le 25 octobre 1879.

LE RETOUR

D'UN

AMNISTIÉ

I.

On nous a embarqués le mardi 1ᵉʳ juillet, dans la matinée. Le lendemain 2, les chefs de plat ont été invités à faire nommer à l'élection des chefs de compartiment ou *chefs de poste*. Dans l'après-midi, les chefs de poste furent reçus par le commandant. M. Rivière leur dit qu'il avait eu plusieurs de nos camarades sous ses ordres pendant l'insurrection canaque et qu'il avait été satisfait de leur conduite. C'est donc volontiers qu'il nous rapatrie.

Tout ce qui sera compatible avec les règlements, les manœuvres et l'hygiène, nous sera accordé. Les chefs de poste le remercièrent de la bienveillance qu'il nous témoignait. Ils ajoutèrent qu'ils feraient, de leur côté, leurs efforts pour éviter tout conflit ou incident regrettable entre l'autorité du bord et nous.

Jeudi 3 juillet.

Je commence à me faire à ma nouvelle vie. Nous avons un temps superbe, trop beau même, puisque nous n'allons guère qu'à la vapeur. Ce soir nous avons assisté à une scène splendide. Le soleil se couchait lentement à l'occident, tandis que la lune, par suite du balancement du navire, décrivait des courbes à l'horizon opposé, tantôt s'élevant, tantôt descendant comme un ballon gigantesque. C'est pour nous un grand adoucissement de pouvoir monter sur le pont à volonté.

Samedi 5 juillet.

Lavage général du linge sur le pont. Les uns pompent, les autres frottent, ceux-ci tordent, ceux-là accrochent, bref tout le monde est en mouvement. Il est vrai qu'on se gêne, qu'on se heurte, qu'on se bouscule même un peu, mais personne ne manifeste de mauvaise humeur. Ceux qui ont terminé leur besogne fument leur pipe. On cause, on échange ses impressions ; c'est une rumeur, un brouhaha constant, à travers lequel retentissent par intervalles les coups de sifflet du maître d'équipage.

Dimanche 6 juillet.

Le commandant a passé ce matin l'inspection des batteries. Chez nous, aucune réclamation. Il a été seulement question du nombre de passagers de notre compartiment. Ce nombre s'élève à 118. Après l'inspection, plusieurs passagers ont été désignés pour des rations supplémentaires.

L'après-midi, concert sur le pont. M. Rivière y a assisté du haut de sa passerelle. Je l'ai vu donner, à diverses reprises, le signal des applaudissements. Au milieu du concert, un sergent d'armes a apporté un bidon de vin pour rafraîchir le gosier des chanteurs. Seul, un lieutenant d'infanterie de marine regardait avec deux grands yeux étonnés. Cet officier paraît ahuri de tout ce qu'il voit ; il ne comprend rien à la considération dont nous sommes l'objet et semble offusqué de nous entendre appliquer la dénomination de *passagers civils*.

Lundi 7 juillet.

C'est une affaire réglée. L'opinion des passagers civils est faite sur le commandant Rivière, et j'ose ajouter que l'opinion de M. Rivière est également formée sur nous. La confiance est établie de part et d'autre et les choses iront désormais toutes seules. Sans avoir l'air de commander, M. Rivière sera obéi, obéi en tout. Son rapport sur nous sera, j'en suis convaincu d'avance, favorable. Et parmi nous, bien que nous soyons loin d'avoir nos aises à bord, personne, à la rentrée en France, ne se plaindra de M. Rivière.

Ce matin, à quatre heures, j'étais sur le pont. Je m'y suis couché sur les mâts de rechange amarrés à bâbord, la tête sur un monceau de cordages. Sur ce dur lit, le balancement du vaisseau aidant, je commençais à m'assoupir, quand le cri perçant d'un coq vint brusquement me réveiller, absolument comme si j'eusse été dans une ferme. Je me mis à contempler vaguement la lune, les nuages qui couraient sur ma tête, les étoiles qui se montraient et se cachaient tour à tour, et l'immensité de la mer environnante. A cinq heures, les matelots lavèrent le pont à l'arrière. En les voyant, les pieds nus dans l'eau, passer devant moi comme des ombres, je me pris à penser à la singularité de ma destinée. Je me demandai si j'étais bien au bout de cette existence à bâtons rompus que je mène depuis près de neuf ans.

Mardi 8 juillet.

Il fait du vent depuis hier ; malheureusement ce vent nous est contraire. A part certaines heures de la journée où l'ennui me gagne, je supporte gaillardement le régime auquel nous sommes soumis. Quand vient la nuit, j'ai bien les jambes un peu fatiguées de monter et de descendre des escaliers plus ou moins raides, mais j'aurais mauvaise grâce à m'en plaindre, puisque je n'en dors que mieux. — Dans mes moments de loisir, je lis ou j'écris, mais il est impossible de se livrer à un travail sérieux. Il y a trop de bruit, trop de mouvement, nous sommes trop serrés, et d'ailleurs, dans la batterie basse, on n'y voit pas. Les soirées seules me semblent longues. C'est pendant ces heures qui s'étendent de la tombée de la nuit au sommeil que je pense aux amis absents et à l'existence nouvelle qui va m'être faite dans quelques mois.

Mercredi 9 juillet.

Nous sommes en vue de l'Australie. Il est probable que nous allons suivre la côte jusqu'au détroit de Torrès. Nous ne relâcherons à Java que dans le cas où le charbon viendrait à manquer.

Jeudi 10 juillet.

Nous avons été toute la journée d'hier en vue de la terre australienne. Comme il y a beaucoup d'ilots dans ces parages, on n'y navigue pas la nuit; l'ancre a donc été jetée hier soir. Nous avons pu rester sur le pont jusqu'à neuf heures. La soirée était belle. Vénus brillait d'un éclat extraordinaire. Ce matin, au moment où j'écris (six heures), on lève l'ancre.

Il vient de se passer un fait assez désagréable pour nous, mais surtout fort désagréable pour le maître-coq. J'ai cru d'abord à une plaisanterie, mais la chose, comme vous l'allez voir, n'a rien de plaisant du tout: Bref, le maître-coq s'est laissé choir dans la marmite au café. Je vous laisse à imaginer les cris poussés par ce malheureux. On l'a, dit-on, transporté immédiatement à l'hôpital, mais le café dans lequel il s'est baigné si malencontreusement va-t-il nous être servi quand même? *That is the question.*

Même jour, 6 heures du soir.

Nous sommes tous à fumer sur le pont. On voit la terre à gauche et à droite du navire. Nous allons encore mouiller ce soir. Il fait un temps splendide.

Samedi 12 juillet.

Je me suis enfin trouvé un petit coin où je puis travailler. C'est à l'arrière, en dehors de notre compartiment. Deux caisses superposées me font une table ; un pliant, que j'ai eu l'heureuse idée d'emporter, me sert de siége, et, ma malle étant par hasard remisée dans cet endroit, j'ai l'avantage d'y tenir toutes mes affaires sous la main. — La lumière entre par un étroit sabord qui me permet, lorsqu'il est ouvert, d'apercevoir un petit carré de la mer et du ciel. C'est là que je me réfugie quand je suis fatigué du bruit et de l'angle des coudes de mes voisins. Je suis enchanté d'avoir fait cette découverte.

Même jour, 8 heures du soir.

Le *Calvados* est resté à l'ancre toute la journée. L'officier en second en a profité pour descendre à terre. Nous avons ainsi pu avoir des nouvelles, entre autres celle de la mort de l'ex-prince impérial. J'ai lu moi-même les dépêches relatives à cet événement dans le journal anglais apporté à bord.

Dimanche 13 juillet.

Soirée théâtrale. La représentation s'est prolongée jusqu'à dix heures. Le commandant, les officiers, les dames, les matelots, tout le monde y a assisté. C'était vraiment un spectacle pittoresque. La scène, les décors, les costumes, les illuminations, rien ne laissait à désirer, grâce au concours empressé d'un jeune enseigne et à la bonne volonté de tous. Des 839 personnes qui vivent sur le *Calvados*, bien peu manquaient à la fête. Les bastingages, les passerelles, les haubans étaient littéralement couverts de grappes d'hommes. Le ciel étoilé, dans lequel la belle constellation de la Croix du sud se détachait avec éclat, s'étendait majestueusement sur nos têtes, tandis que les vagues clapotantes, sur la crête desquelles se réverbéraient les lumières de la scène, venaient battre les flancs du navire. Au loin, on apercevait vaguement les linéaments confus de la terre australienne. L'heure, le lieu; l'imprévu de la situation; ces lueurs sur les eaux; ce calme des nuits tropicales; cette grande silhouette du navire se profilant fièrement sur le ciel bleu ; ces applaudissements se répercutant sur les flots ; ces centaines de spectateurs conservant tous, les uns après huit années d'exil, les autres après de longs et pénibles voyages, la gaieté, l'esprit, le goût français, tout contribuait à imprimer à cette soirée un caractère original et fantastique bien difficile à rendre en quelques mots.

Vendredi 18 juillet.

Nous continuons à côtoyer l'Australie. Notre route, depuis une dizaine de jours, se rapproche beaucoup de celle que suivit le capitaine Cook en 1770. Nous ne marchons pas la nuit. Mercredi soir, nous étions en vue d'un phare tournant. Rien de particulier : ce sont toujours les mêmes îlots, la même mer calme, les mêmes montagnes plus ou moins dénudées. Cela devient monotone.

Le commandant vit en très-bonne intelligence avec ses officiers. Il est presque toute la journée au milieu d'eux sur sa passerelle, carte déployée et compas ou lunette à la main. Je crois qu'il profite du voyage pour contrôler et au besoin rectifier les données hydrographiques recueillies par les navigateurs qui l'ont précédé dans ces parages.

Mardi 22 juillet.

Le second du *Calvados*, M. Heurtel, est un officier très-sympathique. Il apporte dans ses relations avec nous une bienveillance et une courtoisie dont nous lui savons le plus grand gré et qui nous font un peu oublier les vexations de la presqu'île Ducos et de l'île des Pins.

Lundi 28 juillet.

Un jeune matelot est mort hier. Dès que nous avons appris cette nouvelle, les chefs de poste ont manifesté le désir d'assister à son immersion. M. Heurtel les a remerciés de leur démarche et leur a accordé l'autorisation nécessaire. Aujourd'hui, à une heure, ils se sont donc rendus à l'extrémité de la batterie haute (tribord), près du sabord où le défunt, cousu dans un morceau de voile et recouvert d'un pavillon, était exposé. Deux fanaux répandaient leur pâle lumière sur le cadavre. Les passagers civils, nu-tête et massés contre la grille, témoignaient, par leur attitude, leur sympathie et leur respect pour ce pauvre garçon de vingt-deux ans que la mer allait recevoir dans son sein. Les camarades du défunt arrivèrent, puis les enseignes, les médecins, l'officier en second et le commandant. Pendant ces préparatifs, les vagues, éclairées par les feux du soleil au zénith, défilaient, rapides et lugubres, devant le sabord béant. Elles se pressaient l'une contre l'autre, formaient des plis et des replis, paraissaient et disparaissaient, image des générations humaines. Soudain le silence se fait. Un matelot lit une courte prière, puis le corps est jeté à la mer. Les flots, qui se sont entr'ouverts, se referment pour reprendre leur va-et-vient éternel, et tout est fini.

Mercredi 30 juillet.

L'ordre suivant nous est communiqué :

ORDRE DU COMMANDANT

Les compartiments de la batterie haute se trouvant dans de bien meilleures conditions d'habitabilité que les compartiments de la batterie basse, il est nécessaire, au point de vue de l'hygiène et de la justice, que chacun y passe à son tour.

Conséquemment, le premier août, le personnel des deux compartiments de la batterie haute sera remplacé par celui du compartiment bâbord de la batterie basse, et le premier septembre, par celui du compartiment tribord de la même batterie.

A bord du *Calvados*, en mer, le 30 juillet 1879.

L'Officier en second,

Signé : HEURTEL.

Vendredi 1ᵉʳ août.

Nous voici installés dans la batterie haute. Nous y avons de l'air et de la lumière, deux choses qui nous faisaient défaut en bas. Nous passons au-dessous de Timor. Si le vent soufflait un peu, nous serions bientôt à Batavia, où nous devons relâcher quatre ou cinq jours. Jusqu'à présent notre traversée a, selon l'expression de M. Heurtel, ressemblé à un voyage de fillettes. C'est à peine si nous nous apercevons que le navire marche.

Même jour, 4 heures du soir.

Un de nos compagnons vient de mourir. Tout ce que je sais de lui, c'est qu'il se nomme Godard. On l'avait embarqué malade, et il était entré à l'infirmerie du bord, où il s'est éteint comme une chandelle. M. Heurtel a réuni les chefs de poste pour leur faire part du décès. Quatre hommes par compartiment assisteront à l'immersion, qui aura lieu demain à une heure.

2 août, 2 heures après midi.

L'immersion vient d'avoir lieu. Tous les officiers de marine étaient présents. Immédiatement après la cérémonie, les chefs de poste ont demandé audience à M. Heurtel. « Lieutenant, lui a dit l'un d'eux, nous tenons à remercier le commandant, ainsi que les autres officiers du *Calvados*, d'avoir bien voulu assister aux obsèques de notre camarade. »

— « Espérons, a répondu M. Heurtel, que les uns et les autres, nous avons rempli pour la dernière fois ce triste devoir. »

En résumé, notre traversée s'est, jusqu'ici, effectuée dans de bonnes conditions. Nous avons mis sept jours de l'île des Pins à la côte australienne, que nous avons longée pendant quatorze jours. Le 23 juillet, à une heure de l'après-midi, nous passions le périlleux détroit de Torrès ; le 1ᵉʳ août, nous étions au sud de l'île de Timor. Nous arriverons à Batavia le 9 ou le 10 août. Tout le monde est satisfait, tout le monde se tient bien. L'état sanitaire est meilleur qu'au départ Les rapports entre l'autorité et nous sont excellents. Nous n'avons qu'un souhait à faire, c'est que nos camarades partis par le *Navarin*, le *Var*, la *Seudre* et la *Vire* rencontrent auprès des commandants de ces transports les mêmes égards, les mêmes bons procédés, le même accueil sympathique que nous avons trouvés chez le commandant, l'état-major et l'équipage du *Calvados*.

II.

Samedi 9 août, 6 heures du soir.

Nous venons de mouiller dans la vaste rade de Batavia. Nous y sommes environnés de trente à quarante gros navires et de centaines de petites embarcations. La côte, qui forme un immense fer à cheval, est recouverte d'une puissante végétation. Au moment où le soleil disparaît à l'horizon brumeux, le clairon sonne, une double détonation retentit : on hisse et on salue le pavillon de la République.

Mardi 12 août.

Un de mes camarades et moi, nous avons été hier à terre. Toute la nuit, la pluie avait tombé en abondance, et quand, à six heures du matin, nous avons quitté le *Calvados*, des nuages sales et bas couraient encore au-dessus de nos têtes, se confondant avec la fumée de la chaloupe à vapeur. Nous avons mis trois quarts d'heure pour gagner la capitale de l'Océanie hollandaise. On arrive à Batavia par un long canal qui s'ouvre en pleine rade et dont l'extrémité opposée aboutit à la douane. C'est là qu'accostent les embarcations. Sur le parcours de ce canal, à droite et à gauche, d'innombrables barques hollandaises, malaises et chinoises dorment à l'ancre, bondées de marchandises diverses.

La douane a l'air misérable. Nous nous en éloignons au plus vite. Il y a beaucoup de boue dans les rues de l'ancienne ville. Parallèlement aux avenues principales s'étendent des canaux d'eau douce, jaune comme la peau des Chinoises qui s'y baignent du matin au soir. A dix minutes de la douane s'élève une porte monumentale surmontée de huit urnes funéraires que de loin, par une singulière illusion d'optique, on prend pour huit magots en faction. Dans les avenues circulent nombre de petites voitures appelées *cars* et traînées par des chevaux du pays, à peine gros comme des ânes, mais plus vifs et plus dociles. Une flore vigoureuse (eucalyptus, tamariniers, cocotiers, sagoutiers, catalpas, jaquiers, bananiers, pamplemousses, orangers, papayers, etc.), offre aux indolents Javanais le *frigus opacum* du poète. Toutefois, comme nous sommes encore dans la ville basse, que le temps est couvert, et que la nuit a été pluvieuse, tout est terne, sombre, triste. Seuls les Chinois et les Malais de la classe pauvre sont sur pied. Nous marchons droit devant nous sans savoir où nous allons, sans pouvoir prendre langue. Un tramway passe, nous sautons dedans. Il est tiré par trois chevaux dont la petitesse contraste avec l'énormité du véhicule. Enfin la ville ancienne s'éveille. Tout devient mouvement, agitation, bruit. Hommes, femmes, enfants vont, viennent, grouillent. Les femmes, qui ont la déplorable habitude de mâcher du bétel, sont petites, rondelettes, replètes ; elles ont les cheveux longs et noirs et le nez écrasé. C'est d'ailleurs une confusion inouïe de types, de sexes, d'âges et de costumes. Voici des Chinois avec leur chapeau pointu, leur face large et carrée, leur teint cuivré, leur front découvert, leur nez court, leurs yeux obliques et bridés, leurs fortes oreilles et leurs cheveux nattés en queue qui leur descend jusqu'aux chevilles ; voilà des Javanais moitié nus ou vêtus de pantalons rayés tombant à mi-jambes, de vestes étroites, d'écharpes vertes, bleues, rouges, jaunes, blanches, bariolées, quadrillées. Les uns sont en guenilles, les autres mis avec une certaine recherche ; ceux-ci sont coiffés de turbans ou de mouchoirs roulés autour de la tête, ceux-là de chapeaux grands comme des parapluies. Quand on est témoin de cette activité prodigieuse des Chinois, on ne s'étonne plus que cette race polie, grave, sobre, économe, mercantile, âpre à la besogne et au gain, inspire de l'inquiétude à l'Australie et à l'Amérique. Il est évident qu'à Batavia ce sont les Chinois qui tiennent la place la plus considérable dans le commerce et l'industrie. On les dit aussi propres aux hautes études: lors de la récente distribution des récompenses à l'école de droit de Batavia, ce sont trois Chinois qui ont obtenu les premiers prix.

La première personne avec laquelle il nous a été possible d'échanger deux mots en français, est un chef de gare. Je dis : *un chef de gare*, car il faut que vous sachiez qu'il y a un chemin de fer à Batavia. La ligne va de Batavia à Buitenzorg, ville de plaisance située dans les montagnes du même nom et peu éloignée de la capitale. C'est à Buitenzorg que réside le gouverneur. Il paraît qu'il y a là des ménageries et des jardins botaniques fort curieux. Le temps et aussi les ressources nous ont manqué pour les visiter...

Mais revenons à notre chef de gare. Il a pu, tant bien que mal, nous fournir l'adresse du *Java-Bode*, journal principal de l'île. A l'imprimerie de cette feuille, nous avons été reçus très-courtoisement par un jeune Hollandais, le fils de la maison, qui, en l'absence du rédacteur en chef, nous a indiqué un hôtel, l'*Hôtel des Indes*. On nous y a donné une chambre spacieuse et nous avons pu y jouir des délices qu'offre un bain d'eau douce après quarante jours de navigation. L'*Hôtel des Indes* est un établissement qu'on vient de vendre 300,000 francs. On y trouve à peu près le confort des hôtels de France et d'Angleterre. C'est là que sont descendus les officiers du *Calvados*. Nous y avons vu, entre autres, M. Heurtel.

Nous sommes ensuite revenus au bureau du *Java-Bode*. M. Van Daalen, le rédacteur en chef, est un ancien officier de la marine hollandaise. Il nous a fait un accueil cordial et nous a fourni sur le pays, qu'il habite depuis sept ans, des renseignements intéressants.

A quelques pas de l'imprimerie, nous avons fait la rencontre d'un négociant français, M. Papon, qui nous a également témoigné beaucoup de sympathie et nous a aidés à faire les achats dont nous étions chargés par nos camarades. M. Papon est jeune, intelligent, affable, et, ce qui ne gâte rien, licencié en droit. Il réside à Batavia depuis un an et y tient un commerce important de vins et liqueurs.

Nous avions rendez-vous à dix heures du soir au quai pour le retour. Nous y sommes arrivés les premiers et, comme la douane était déserte, nous avons craint un instant qu'on ne fût parti sans nous. Les renseignements des indigènes employés à la douane n'étaient pas, du reste, de nature à nous rassurer. « *Steam-boat* parti, *steam-boat* parti », telle était leur réponse à toutes nos questions. Nous avons compris depuis que ces bons douaniers voulaient nous tromper, de façon à pouvoir nous offrir une embarcation et nous ramener eux-mêmes à bord moyennant finances.

Extrait du *Java-Bode* du 12 août.

« Nous publions dans notre numéro d'aujourd'hui le journal (1) d'un des amnistiés qui retournent dans leur patrie à bord du transport français *le Calvados*, après avoir passé sept ans de leur existence en Nouvelle-Calédonie. Les quatre délégués des quatre cents passagers français qui, par suite des derniers événements politiques, ont recouvré la liberté et les droits civiques, nous ont rendu visite et nous ont priés de faire ressortir en quelques mots leur sympathie et leur reconnaissance pour le peuple hollandais qui donna l'hospitalité au grand Barbès. En déférant au désir de ces messieurs, nos abonnés sentiront que nous n'avons pas hésité un instant à insérer les *Notes d'un passager* dans la langue française, par égard pour des hommes qui, séparés sept ans du monde civilisé, ont dû terriblement souffrir. Nous ne voulons pas rechercher si ces hommes ont été coupables

---

(1) Il s'agit ici de la première partie de ces *Notes*.

ou non. Nous disons — et nos lecteurs, nous le savons, seront de notre opinion — que le malheur a, dans tous les temps et en toute occasion, droit à notre sympathie et à notre bienveillance. »

Jeudi 14 août.

Pour la seconde fois nous avons visité Batavia, qui comprend deux villes bien distinctes, la ville haute et la ville basse. La ville basse, dite à tort ou à raison *le tombeau des Européens*, est celle dont j'ai déjà parlé. La ville haute est la ville salubre, riche, élégante, aristocratique. Les maisons y sont vastes, bien aérées, bien distribuées, entourées de vérandahs, de parcs, de jardins, de pelouses et de fleurs. Il faut voir la ville haute la nuit ; les rues, les hôtels, les cercles, les magasins y sont éclairés au gaz. C'est, en raison de l'épaisse verdure environnante, d'un aspect féerique.

Samedi 16 août.

Nous avons levé l'ancre ce matin, après six jours d'escale. Le charbon, qu'on a fait péniblement, a coûté horriblement cher (105 fr. la tonne). Par contre, l'eau a été donnée pour rien par les autorités du pays. On a dépensé pour le charbon, les bœufs, etc., une quarantaine de mille francs.

Dimanche 17 août.

Nous sommes sortis du détroit de la Sonde. Le temps est pluvieux, la température a diminué de cinq degrés.

Mardi 19 août.

Toujours des nuages, de la brume, de la pluie, du tonnerre, des éclairs et pas de vent. « En avançant vers la Ligne, dit Michelet, la brise vivifiante cesse, l'air devient étouffant. On entre dans la zone des calmes qui dominent sous l'équateur et séparent immuablement les alizés de notre hémisphère boréal et les alizés de l'hémisphère sud. De lourds nuages pèsent; de grandes pluies fondent à chaque instant. On s'attriste, on se plaint; mais sans ce rideau sombre, de quelles flèches

de feu le soleil frapperait les têtes !...
Cette masse noire de nuages, jadis la terreur, la barrière de la navigation, cette nuit subite étendue sur les eaux, c'est précisément le salut, la facilité protectrice qui nous adoucit le passage... Tout naturellement la chaleur de la Ligne élève l'eau en vapeur, et forme cette bande sombre. »

Jeudi 21 août.

Nous sommes descendus dans le sud, et depuis hier soir nous avons une brise qui nous permet de filer de neuf à dix nœuds à l'heure. Cette brise est venue à propos, car nous commencions à nous inquiéter des calmes, de l'immobilité énervante de ces derniers jours. Il n'y a rien qui rende triste, morne, comme un vaisseau qui ne marche pas, comme une mer qui paraît dormir. On s'impatiente, on s'assombrit, on se prend à regretter les bruyantes vagues aux cimes écumeuses, les profonds sillons aussitôt comblés que formés, les craquements — j'allais dire les cris — du navire se tordant sous la double et formidable étreinte de l'air et de l'eau ! Puissent ces vents propices qui sont venus à notre secours hier continuer à gonfler nos voiles et nous rendre au plus vite ces trois choses sacrées dont nous avons été sevrés depuis huit ans et sans lesquelles l'homme s'étiole et meurt : la liberté, la famille et la patrie !

Dimanche 24 août.

Aujourd'hui, le commandant a accordé aux chefs de poste une audience dans laquelle ces derniers ont minutieusement exposé la situation de leurs compartiments respectifs. M. Rivière, après les avoir écoutés avec sa bienveillance accoutumée, a manifesté sa satisfaction au sujet des excellents rapports qui n'ont cessé d'exister depuis l'embarquement entre l'équipage et nous.

Jeudi 28 août.

Au commencement de l'année 1877, M. Degouve-Denuncques, alors membre de la commission des grâces, écrivait à un journal de Rouen : « Comme il pouvait y avoir danger à monter sur le même bâtiment des condamnés, absolument graciés et échappant à tout régime disciplinaire, presque toutes les condamnations à la déportation ont été commuées à la détention... Le rapatriement eût été une opération assez difficile, si on eût embarqué des hommes pouvant revendiquer tous les droits et tous les priviléges de gens absolument graciés. »

N'en déplaise à l'ombre de M. Degouve-Denuncques, nous sommes sur le *Calvados* quatre cents passagers absolument amnistiés. Nous y occupons les compartiments, pour ne pas dire les *cages*, dont il serait superflu de refaire ici la description. Et cependant, malgré cette instalation qui, on le sait, n'est rien moins que confortable — eu égard surtout à l'état de faiblesse et d'anémie dans lequel sont tombés nombre d'entre nous — il ne s'est produit, depuis deux mois, aucun acte d'indiscipline. Les faits, à bord du *Calvados*, sont donc loin de justifier les appréhensions de M. Degouve-Denuncques. Cela était à constater. Étrange théorie d'ailleurs que celle qui consiste à garder un homme prisonnier pour adoucir son caractère.

Samedi 30 août.

Quand nous avons quitté les lieux de déportation, il y avait chez tous un contentement; une joie expansive — la joie de damnés à qui on aurait ouvert les portes de l'enfer ; on ne voyait pas de visages tristes, on improvisait des concerts, on organisait des soirées théâtrales. Depuis la situation a changé, et c'était inévitable. C'est le propre des longues traversées de présenter ces sortes de fluctuations. Les premiers moments d'enthousiasme passés, le sentiment de la réalité est revenu, et la réalité n'est pas gaie. Nous souffrons, nous souffrons beaucoup. Pourquoi ? Pour bien des raisons, principalement parce que nous sommes trop serrés, deux fois trop nombreux. A ce mal, il faut le reconnaître, le commandant Rivière ne peut rien. Il y a une autre cause purement accidentelle : depuis quelques jours plusieurs d'entre nous éprouvent des malaises. On a un peu de fièvre, la tête est lourde, le sommeil agité. Cela n'est pas sérieux, mais le moral s'en ressent évidemment

Nous étions aujourd'hui à midi par 9°05' de latitude Sud et 70°39' de longitude Est.

Depuis le 21, nous avons fait en moyenne 170 milles par jour. Il y a lieu d'espérer que nous arriverons à Aden vers le 15 septembre.

Dimanche 31 août, 11 heures du soir.

La nuit, pendant que le vent siffle dans les cordages, les vergues, les mâts ; que l'énorme charpente crie ; que les nuages errent pêle-mêle dans les cieux, que les flots se soulèvent, se heurtent, se brisent, on voit, çà et là, sur le pont, à la pâle clarté de la lune, des taches noires, informes, indécises. Ces taches sont des matelots endormis. La mer, rude nourrice, les berce, et, de son souffle pur et vivifiant, caresse leur joue hâlée. A chaque jour suffit sa peine : reposez en paix, amis ! Et que le doux essaim des rêves d'or s'abatte sur vos têtes appesanties, chasse de votre esprit le souci des périls qui vous attendent peut-être demain !

Lundi 1er septembre.

La mort a commencé par prendre au *Calvados* un de ses matelots, puis elle nous a enlevé un des nôtres ; cette nuit, c'est un soldat de l'infanterie de marine qu'elle a frappé. La cruelle, comme vous voyez, rend ses arrêts sans acception de personnes et donne, à sa façon, de terribles leçons d'égalité. En présence de ce deuil, les chefs de poste, se faisant les interprètes de la pensée de leurs camarades, ont fait remettre au commandant la lettre suivante :

« En mer, 1ᵉʳ septembre 1879. »

» A M. le capitaine de frégate, commandant le *Calvados*,

» Commandant,

» Nous avons l'honneur de vous informer qu'à l'unanimité, les passagers civils, voulant témoigner de leur esprit de fraternité à l'égard de tous leurs compatriotes du *Calvados*, ont décidé qu'une démarche serait faite par les chefs de poste dans le but d'assister aux obsèques du soldat d'infanterie de marine qui est mort cette nuit.

Nous sommes personnellement heureux, commandant, d'avoir à nous acquitter de cette démarche, qui répond à nos propres sentiments, et nous espérons que vous y verrez une preuve des bonnes dispositions qui nous animent tous.

Veuillez agréer, commandant, l'hommage de notre respect.

Signé : A. Bocquet, Bonnin-Volpesnil, O. Gironce, Jules Renard.

Jeudi 4 septembre.

Nous qui rentrons, n'oublions pas que

nous sommes les favorisés, les élus. N'oublions pas que nous avons laissé derrière nous plusieurs centaines de nos vieux compagnons d'infortune. Dure et amère a dû être pour eux l'heure de la séparation. Que leurs souffrances, que nous connaissons pour les avoir partagées et dont l'âpreté s'est encore accrue du vide que font au cœur des espérances brisées, soient constamment présentes à notre mémoire ! Et sans haine, sans forfanterie, mais avec fermeté et opiniâtreté, demandons à la République, que nous aimons, à la France, contre laquelle l'adversité ne nous a jamais fait blasphémer ; demandons, réclamons d'une voix unanime l'oubli complet, l'amnistie totale. C'est bien assez qu'il y ait des foyers où personnes ne reviendra, des familles qui resteront inconsolables et pour lesquelles l'amnistie, même plénière, ne peut être qu'une amère dérision. Il est des souvenirs qu'il vaut mieux ne pas évoquer. Si on ne veut pas voir soulever la question des deuils irréparables, que du moins on ne marchande pas la clémence à ceux qui ne sont pas encore morts à la peine.

III.

Dimanche 7 septembre.

La funèbre série a recommencé. Mercredi dernier nous avons lancé à la mer la dépouille mortelle d'un matelot et aujourd'hui celle d'un de nos camarades, nommé Poulard. Je me souviens qu'il y a huit jours Poulard, qui était du même compartiment que moi, nous entretenait encore de sa femme et de ses enfants. L'infortuné! Après huit années de privations, de misère, de séparation et d'attente, le voilà brusquement, brutalement arraché à ses espérances, à ses rêves d'avenir, à ses amis, à sa famille, à sa patrie, cette autre famille qui venait de le rappeler dans son sein. Voici son testament, dicté par lui, deux jours avant sa mort, et signé d'une main défaillante ; il est poignant dans sa simplicité :

Ceci est l'expression de mes dernières volontés. En cas de mort, fidèle aux convictions de toute ma vie, je désire être inhumé civilement et avec le concours de quatre de mes camarades. Je désire également que les effets et objets m'appartenant soient laissés à la disposition et entre les mains de mon ami Bocquet pour être remis à ma femme et à mes enfants demeurant rue Rousselet, 21, sixième arrondissement, Paris.

Fait en mer, à bord du *Calvados*, le 4 septembre 1879.

Signé : POULARD.

Conformément à l'intention formelle exprimée ci-dessus, les obsèques ont été purement civiles. Les quatre chefs de poste, accompagnés de douze de leurs camarades ; une délégation de l'infanterie de marine ; le commandant, le second, des enseignes, des médecins, des maîtres, des matelots ont rendu les derniers devoirs au défunt. Nous avons été touchés, émus, de cet esprit de fraternité se manifestant solennellement devant la mort. Pourquoi faut-il qu'il n'en soit pas toujours ainsi ? Pourquoi faut-il qu'il y ait parfois, dans ce vieux pays de France, des vainqueurs et des vaincus, des proscripteurs et des proscrits ? Ce ne serait cependant pas trop des efforts, de la concorde, de la bonne foi et de l'intelligence de tous pour faire la patrie forte, prospère, respectée. Pour moi, j'ai beau avoir souffert, je ne veux à aucun prix me renfermer dans l'isolement de la haine.

Le mot *représailles* est un mot que je déteste. Je n'admets pas que l'humanité soit condamnée à tourner fatalement dans un cercle arrosé de sang et de pleurs. Mon idéal est la paix, le travail, la vie de famille, la liberté, la conciliation, l'union. Assez de veuves, de mères inconsolables, d'orphelins ! *Go a head* ! Il faut généreusement oublier le passé pour ne songer qu'à l'avenir. Le long et laborieux enfantement de la République est aujourd'hui terminé. A nous de la servir, cette chère République pour laquelle tant d'héroïques combattants sont morts ! A nous de contribuer à la rendre féconde ! A nous de nous grouper autour d'elle comme autour d'une mère aimée !

Mais je m'aperçois que je me laisse entraîner au delà du cadre que je me suis tracé en commençant ces *Notes*, simple expression de ma vie de bord qui se passe, comme vous le savez, dans un horizon bien restreint... Je reviens à notre regretté camarade. Ses restes, après avoir été exposés, veillés par des amis qui se relevaient de demi-heure en demi-heure, furent un instant recouverts de nos couleurs nationales ; puis, le strident coup de sifflet du

2.

maître d'équipage ayant retenti, ils ont été confiés à la garde de l'Océan, près de l'équateur, dans ces régions orageuses où la nature, toujours voilée, décompose si vite les êtres pour les faire rentrer sous une forme nouvelle dans le grand courant de la vie....

Lundi 8 septembre.

Nous avons passé la ligne aujourd'hui dans la matinée. A midi, nous étions par 0°25' de latitude nord et 53° 38' de longitude est. Le soleil darde verticalement ses rayons sur nos têtes. La chaleur atmosphérique, à laquelle s'ajoute celle de la machine, rend notre litre d'eau insuffisant, surtout dans la batterie basse, où nous sommes redescendus depuis le commencement de ce mois.

Mardi 9 septembre.

Le commandant a décidé qu'une ration supplémentaire d'un demi-litre d'eau serait accordée à tout le monde, équipage, infanterie de marine et passagers civils.

Mercredi 10 septembre.

Je profite de quelques instants de loisir pour vous copier le règlement qui nous concerne et dont un exemplaire est affiché dans chacun des quatre compartiments occupés par les passagers civils.

Ordre général

Les déportés graciés seront divisés par plat de dix hommes.

Chaque plat choisira son chef de plat.

Dans chaque compartiment, les chefs de plat choisiront un chef de poste qui sera chargé de transmettre les ordres et les consignes à ses camarades.

Chefs de poste et chefs de plat aideront l'autorité du bord pour l'exécution des consignes et l'application des mesures particulières qu'exigent la santé et le bon ordre.

Lorsque les chefs de poste auront quelque chose de particulier à signaler, ils s'adresseront toujours au sergent d'armes chargé de chaque batterie, qui transmettra immédiatement au capitaine d'armes et à M. l'officier en second.

Les déportés graciés seront soumis à la discipline du bord, conformément aux prescriptions du règlement et à celles du code de justice militaire.

Consigne

Il est absolument interdit de fumer dans les compartiments, de chanter ou de se livrer à des conversations bruyantes. Les allumettes sont complétement prohibées. La mèche sera donnée sur le pont aux heures indiquées.

En dehors des heures qui seront fixées chaque jour pour monter sur le pont, les déportés graciés ne doivent pas sortir des compartiments, si ce n'est pour un motif de service, et, dans ce cas, ils seront accompagnés d'un caporal d'armes.

Service général

Les déportés graciés se lèveront au branle-bas.

Les hamacs seront serrés avec soin et mis au bastingage en ordre et par plat.

Les postes seront lavés après le déjeuner, et le linge aux jours indiqués. A la propreté du poste succédera la propreté corporelle qui sera exigée de tout le monde.

Chaque jour, un demi-plat dans chaque compartiment sera désigné pour nettoyer les bouteilles et y entretenir une propreté constante.

Chaque semaine un certain nombre de plats seront désignés de corvée pour le nettoyage du poste, le balayage après le repas, le pompage des charniers, etc..

Un chef de poste sera désigné de corvée à la commission de la cambuse, pour assister à la délivrance des vivres de ses camarades.

Dans chaque plat, un homme sera chargé du plat, de son transport et de son nettoyage.

Tous les mouvements des hommes de plat en dehors des compartiments se feront sous la direction d'un caporal d'armes qui sera attaché à chaque compartiment.

Chaque jour un certain nombre de plats passeront l'inspection des hamacs.

Lors des inspections, appels au poste de combat ou d'incendie, les hommes se rangeront dans les compartiments, face en dedans, par plat, et alignés sur quatre ; le plus grand silence devra alors être observé.

Bord, le 27 juin 1879.

L'officier en second,
Signé : HEURTEL.

Jeudi 11 septembre.

Le règlement qui précède est appliqué dans le sens le plus large. Il y est dit, par exemple, que les chefs de poste s'adresseront toujours aux sergents d'armes pour leurs demandes ou réclamations ; ceci, en fait, n'a pas lieu. Les chefs de poste ont directement affaire à l'officier en second. Ils voient aussi le commandant quand ils le demandent et peuvent ainsi lui soumettre, sans intermédiaire, les besoins des compartiments qu'ils représentent.

Pour ce qui est de la permission de monter sur le pont, nous n'avons qu'à remercier l'autorité du bord de la mesure ample qu'elle a prise. Sauf les jours de lavage pour les matelots, où nous restons dans nos batteries une partie de la matinée, nous avons à peu de chose près la liberté du pont — j'entends de la portion du pont qui nous est dévolue, — jusqu'à onze heures du soir.

Vendredi 12 septembre.

L'océan Indien est traversé. Nous en avons fini avec ces solitudes accablantes, cette zone brûlante de la Ligne, ces calmes étouffants, cette mer d'huile qui vous donne le *spleen*. Je salue la vieille Afrique. Encore un peu de patience et nous serons chez nous.

Dans cette immense mer des Indes, pas une île qui rompe la monotonie du voyage; de l'eau, toujours de l'eau.

La mer! partout la mer! Des flots, des flots encore.
Ici les flots, là-bas les ondes ;
Toujours des flots sans fin par des flots repoussés;
L'œil ne voit que des flots dans l'abîme entassés
Rouler sous des vagues profondes.

Aucun navire. Je me trompe, nous en avons croisé un, un seul. Accoudé sur le bastingage, je l'ai vu peu à peu s'enfoncer dans les profondeurs de l'horizon. Bientôt ce ne fut plus qu'une voile, puis ce ne fut plus qu'un mât, puis ce ne fut plus qu'un point noir qui disparut complétement : ainsi, pensai-je en moi-même, s'évanouissent dans l'océan de l'oubli les noms des hommes les plus illustres.

Nous allons longer la côte d'Afrique : cela fait toujours plaisir de revoir la terre. Les visages s'égayent un peu. Pourtant ce rivage n'est rien moins que pittoresque. Figurez-vous un plan horizontal formé par un soulèvement de sable de plusieurs lieues de longueur, sans un arbre, un arbuste, un brin d'herbe. C'est le désert, le désert à perte de vue, le désert sans la moindre oasis sur laquelle la vue puisse se reposer.

Lundi 13 septembre, 7 heures du matin.

Nous avons doublé, au lever du jour, le cap Guardafui, et nous naviguons à cette heure dans le golfe d'Aden. Il fait grand vent, la mer est grosse, le *Calvados* roule comme un homme ivre.

Dimanche 14 septembre.

Un changement subit de température s'est opéré dès que nous avons eu doublé le cap Guardafui. Il fait une chaleur étourdissante. Nous ruisselons littéralement de sueur. Ce matin, M. Heurtel a fait appeler les chefs de poste et leur a dit ceci :

« Messieurs, j'ai consulté le docteur pour savoir s'il n'y avait pas inconvénient à vous laisser passer la nuit dehors. Le docteur m'ayant répondu qu'il n'y voyait aucun danger pour votre santé, j'en ai référé au commandant, qui a décidé que les passagers pourraient, à l'avenir, coucher sur le pont. »

Cette communication, transmise par les chefs de poste, a été accueillie avec une grande satisfaction.

En somme, la seconde étape de notre traversée a été plus dure que la première. Nous sommes, comme vous le savez, partis de Batavia le 16 août. Le 17, nous avions franchi le détroit de la Sonde. Puis, nous sommes descendus entre le 8e et le 9e degré de latitude sud. Là, nous avons trouvé des vents qui nous ont fait suivre une direction à peu près parallèle à l'équateur jusque fin août. A dater du 1er septembre, nous avons remonté vers la ligne que nous avons passée le 8 dans la matinée. Le 12, nous étions en vue du continent africain, et le 13 au matin nous doublions le cap Guardafui. Nous arriverons à Aden demain 15 septembre.

Nous avons souffert pour trois raisons :

1° Parce que nous sommes deux fois trop nombreux. Avec l'espace qui nous est réservé, il eût fallu n'être que deux cents au lieu de quatre cents : quarante hommes par chaque compartiment du haut et soixante par chaque compartiment du bas ;

2° La nourriture, peut-être bonne pour des hommes valides et robustes comme le sont en général les matelots, laisse à désirer pour des passagers fatigués, atteints d'anémie, épuisés par l'âge, les privations, etc. ;

3° On eût pu choisir un autre navire qu'un lourd transport comme le *Calvados*, qui a mis plus de cent quarante jours pour conduire des convois de déportés en Nouvelle-Calédonie. Parler de voies rapides et employer le *Calvados*, qui ne va ni à la voile ni à la vapeur, cela, vous l'avouerez, fait quelque peu l'effet d'une dérision.

IV.

La chaleur, l'ennui, la nostalgie ont une telle puissance d'abattre qu'un instant j'ai cru que les forces me manqueraient pour continuer mon journal de voyage. J'ai réagi, j'ai tâché de secouer l'espèce de torpeur qui m'envahissait, je me suis raisonné, raidi et, tant bien que mal, je suis parvenu à poursuivre le cours de ces *Notes* pour lesquelles je ne saurais trop faire appel à votre indulgence. Figurez-vous bien ceci, c'est que sur le *Calvados*, partout où l'on se réfugie, à l'avant comme à l'arrière, à tribord comme à bâbord, dans la batterie haute comme dans la batterie basse, on gêne quelqu'un ou l'on est gêné par quelqu'un. Si vous vous asseyez sur un coffre, c'est juste le moment où l'on doit l'ouvrir ; si vous vous mettez à un sabord, vite, la mer grossit et on le ferme brusquement ; si vous vous hasardez d'écrire sur le pont, un coup de vent survient qui vous enlève votre papier quand il n'emporte pas en même temps votre chapeau. Je ne fais plus attention aux coups de balai, de faubert ou de raclette que je reçois dans les jambes, ni au coudoiement de mes voisins, ni au brouhaha formé par les conversations de centaines d'hommes ennuyés qui se répètent tous les jours la même chose. Pendant notre séjour à Aden, un matin j'allais, bidon en main, faire une corvée à la cambuse. Je passais entre les compartiments de la batterie basse, qui étaient en ce moment encombrés de charbon. Je marchais de pied ferme. Soudain le plancher se dérobe sous moi et patatras ! je me sens rouler lourdement dans la cale avec mon ustensile, l'un portant l'autre. Voilà la vie du bord.

Mardi 16 septembre.

Nous avons mouillé hier, à six heures du soir, dans la rade d'Aden. Cette ville est située au pied de rochers rougeâtres où s'emmagasine la chaleur solaire. L'ensemble en est misérable : pas un arbre, ni une fleur, ni une touffe d'herbe. De dix heures du matin à une heure de relevée, les rues sont désertes. Steamer-Point, que je viens de visiter, est fortifié. Il y a trois ou quatre hôtels, quelques magasins où les navires s'approvisionnent, un établissement où l'on fait de l'eau douce et un autre où l'on blanchit le linge des passagers. On voit dans la rade cinq ou six vaisseaux anglais, un ou deux courriers, et c'est tout. Du charbon, de la poussière de charbon, des charbonniers, des négrillons qui vous suivent, vous importunent, vous obsèdent ; des ânes, des chameaux aux jambes grêles et au long cou ; des forts, des canons, des soldats anglais, des cipayes ; un petit nombre d'Européens comme égarés sur ce coin de terre désolé : voilà Aden. Triste, triste séjour ! Je n'ai pas eu le courage de pousser jusqu'à la ville proprement dite, qui se trouve à quelques milles du quai et qui renferme, dit-on, trente mille habitants. Cela vaut peut-être mieux. Je garderai ainsi l'opinion que je me suis faite du beau sexe arabe dont j'ai lu dernièrement une attrayante description dans un livre de voyages qu'a bien voulu me prêter M. Heurtel. Si j'ai bonne mémoire, il est dit dans ce volume que les danseuses d'Aden ont la taille cambrée, le teint brun, les cheveux longs et flottants ; qu'elles semblent créées et mises au monde pour le plaisir des sens ; que leurs beaux yeux noirs brillent d'un éclat extraordinaire ; que leur costume se compose simplement d'une courte chemise brodée et d'un pantalon de soie ; que ce léger vêtement fait ressortir les formes plutôt qu'il ne les voile, etc., etc. Moins favorisé que le voyageur dont je rappelle ici les souvenirs et peut-être aussi les tentations, je n'ai rien vu de tout cela. La chaleur m'a cloué à l'*hôtel de l'Univers*, où, d'ailleurs, je ne suis pas resté tout à fait inoccupé, puisque c'est de là que je vous ai transcrit ma précédente correspondance.

Deux de mes camarades ont été plus curieux que moi. Ils sont allés à la ville arabe, et à leur retour ils nous ont fait un grand récit des fortifications et des citernes. Si intéressantes que puissent être des citernes dans un pays où il ne pleut presque jamais, j'avoue que le plaisir d'en supputer la contenance ne saurait me tenter au point de me faire braver une insolation. Quant aux forts, bastions, etc., m'est avis qu'on n'en rencontre que trop dans tous les pays du monde.

Dans les hôtels et magasins où nous sommes entrés, les habitants nous ont paru être de mauvaise humeur. Voici ce qui semble écrit sur leur physionomie : « Ce pays est pour nous un purgatoire.

Nous n'y sommes qu'à notre corps défendant et avec la pensée fixe de le quitter au plus vite. Or, pour le quitter, il faut avoir fait ou refait fortune. C'est vous dire que nous ne connaissons que l'argent. N'attendez donc de nous ni hospitalité dans le sens large du mot, ni sympathie »

Il n'y a ni journal ni imprimerie à Aden. La garnison (1,000 soldats anglais et 1,000 cipayes) est commandée par un colonel. Nous avons eu l'avantage de voir ce dernier à l'hôtel d'Orient, tenu par un Italien, M. Camerini, qui seul nous a fait un accueil cordial.

Jeudi 18 septembre, 4 heures du matin.

Nous avons levé l'ancre hier à deux heures de l'après-midi. Le charbon, comme vous voyez, s'est fait lestement, mais quelle désagréable corvée ! Pendant deux jours et deux nuits, nous avons pour ainsi dire vécu à l'état de vagabondage : nous prenions nos repas sur le pont, et, le soir, ceux d'entre nous qui avaient la chance de découvrir un petit coin pour dormir, devaient s'estimer heureux. A dire vrai, tout le monde ne supporta pas philosophiquement ces ennuis : beaucoup criaient, pestaient, regimbaient, vouaient le *Calvados* à tous les diables. Pourtant cette maudite corvée, si fatigante qu'elle pût être, était absolument inévitable. Impossible, en effet, de s'aventurer, sans une bonne provision de houille, dans ce long boyau qu'on nomme la mer Rouge. Mais quand on souffre, qu'on est environné d'une poussière noire et pénétrante, qu'on cherche vainement une place pour s'allonger la nuit, qu'on se réveille exténué, brisé, le corps en nage, on se sent naturellement d'humeur peu accommodante, on devient intraitable, on ne veut rien comprendre, ni même rien entendre.

A Aden, nous avons embarqué un pilote et dix-huit chauffeurs indigènes, qui doivent nous accompagner jusqu'à Suez.

Même jour, 6 heures du matin.

Le soleil se lève; il sort des eaux, semblable à un énorme boulet rougi. Nous sommes dans le détroit de Bab-el-Mandeb, qui veut dire, comme on sait, *Porte de celui qui s'expose à la mort*. D'un côté l'Asie, de l'autre l'Afrique. Mille souvenirs assiégent l'esprit du voyageur.

Pendant que je rêve, l'astre des jours

monte lentement dans les cieux et chasse devant lui les vapeurs qui recouvrent la côte arabique. D'innombrables oiseaux de mer voltigent autour du *Calvados* ou se reposent sur les flots.

A gauche, du côté de l'Afrique, tout est éclairé. Les lames moirées et argentées scintillent sous les premiers feux du jour. Sur les ondulations de terrain qui sont à portée de notre vue, s'allongent et se replient, comme d'immenses serpents, des sentiers poudreux convergeant à un phare, point de repère précieux pour le navigateur dans ces redoutables parages.

Lundi 22 septembre.

Ce n'est pas nous qui sommes à plaindre : nous sommes des hommes et, par conséquent, nous devons savoir souffrir. Ceux dont la situation me touche, ce sont les femmes et les enfants qui partagent avec nous, et à peu près dans les mêmes conditions que nous, les fatigues et les rigueurs de cette longue traversée. Il y a, en effet, à bord du *Calvados*, deux familles d'amnistiés : la première, composée du père, de la mère, de la grand'mère et de deux enfants ; la seconde, des parents et de cinq enfants. Pauvres femmes ! je ne puis songer à vous sans douleur ! A moins de vous claquemurer toute la journée dans votre étroite cabine, où l'on étouffe, comment pouvez-vous éviter d'être froissées ? Et les enfants, n'est-ce pas pénible de les voir ainsi jetés au milieu de cette foule d'hommes dont les propos, trop souvent peu mesurés, ne sont pas précisément de nature à former le cœur et l'esprit de la jeunesse ?

Ces femmes, ces enfants, nous tous, nous sommes mal vêtus, presque en guenilles : tableau sombre et navrant que celui des quatre cents passagers du *Calvados* réunis sur le pont !

Mercredi 24 septembre.

Ce matin, à huit heures, nous avons passé le tropique du Cancer, après avoir laissé à droite derrière nous La Mecque.

Vendredi 26 septembre.

Nous mouillerons à Suez demain soir ou dimanche dans la matinée. En attendant, nous sommes délivrés des chaleurs et nous nous portons tous bien. Avant d'avoir navigué dans le golfe Arabique, je n'eusse jamais cru qu'il y fît si étouffant.

« On trouve chaude la mer Rouge, me disais-je, parce que généralement on y vient de la Méditerranée où la température est relativement peu élevée ; mais, quand on y arrive comme nous des pays chauds, ce doit être une mer très supportable. » Voilà comment je raisonnais à *priori* ; maintenant l'expérience m'a prouvé que je me trompais grossièrement. A Batavia, le thermomètre ne marquait que 30 degrés ; dans la mer Rouge il a monté à 35. De ma vie je n'ai été incommodé par la chaleur comme pendant les cinq ou six jours qui ont suivi notre départ d'Aden. La Bible dit que les Hébreux ont passé cette mer à pied sec ; pour nous, c'est le contraire qui s'est produit : non-seulement nous y avons été constamment mouillés, mais encore nous y mouillions nos vêtements, nos hamacs et jusqu'au plancher sur lequel nous nous couchions haletants.

Samedi 27 septembre.

Décidément nous n'avons pas de chance. Le vent, qui n'a cessé de nous être contraire depuis Aden, souffle aujourd'hui avec une violence telle que c'est à peine si, à toute vapeur, nous filons quatre nœuds à l'heure. Le commandant Rivière, qui a été indisposé pendant plusieurs jours et notamment pendant notre relâche à Aden, où il n'est pas descendu, paraît soucieux de voir que nous n'avançons pas et que tout semble se tourner contre nous. Cependant que faire ? Les forces de la nature ne se plient pas aux désirs de l'homme. Le vent suit fatalement son cours. Nous l'entendons hurler dans les mâts avec une persistance implacable, et toutes nos volontés réunies ne sauraient suspendre une minute son formidable houhou. Nous voyons la côte à gauche et à droite du navire : du sable, des rochers, des monts qui se perdent dans la brume, mais pas la moindre végétation. Ici s'étale le règne minéral dans toute sa nudité. Nous ne serons à Suez que demain vers dix heures du matin.

Dimanche 28 septembre.

Nous sommes arrivés à Suez aujourd'hui entre dix et onze heures du matin. Un peu avant le mouillage, je me trouvais sur le pont : « Voyez-vous, m'a dit M. Heurtel, cette tache noire sur le sable ? — A peine, lieutenant. — Eh bien, cette tache, c'est la *Fontaine de Moïse.* » J'ai redoublé d'attention ; mais, comme il y a pas mal d'années que je n'ai ouvert l'Ancien Testament, j'avoue en toute humilité que ces mots : *Fontaine de Moïse,* n'éveillaient en moi qu'une réminiscence vague. J'ai voulu me rendre compte, j'ai cherché une Bible et j'ai pu y lire ce qui suit : « Les Hébreux vinrent ensuite à Elim où étaient douze sources et soixante-dix palmiers, et ils établirent leur camp près des sources. » (Exode, chap. V, verset 27.) Je comprends que, dans ces affreuses plaines de sable qui environnent Suez, la moindre oasis ait sa légende ; mais que ce soit à la Salette, à Lourdes ou à Elim, je n'aime pas voir exploiter la crédulité publique, et j'estime que les minces filets d'eau et les quelques dattiers d'Aïn-Moussa (c'est le nom arabe des sources) ne valent réellement pas la peine que beaucoup de touristes et de dévots se donnent pour les visiter.

Même jour 1 heure après midi.

La ville qui est devant nous émerge à peine au fond du golfe du même nom. Comme Aden, Suez manquerait d'eau douce si un canal, dérivé du Nil, ne venait l'approvisionner. Quand les premiers Européens plantèrent leur tente sur cette côte inhospitalière, l'eau douce se vendait jusqu'à huit francs les cinquante litres. Aujourd'hui d'immenses réservoirs alimentent la ville, qui compte environ vingt mille habitants. On dit que les beaux jardins s'y multiplient : de la rade où je prends ces notes, il est difficile de s'en rendre compte. Suez nous apparaît, au contraire, comme un rassemblement d'immenses blocs de pierre sur la côte plate et sablonneuse. A droite, du sable ; à gauche, du sable et des rochers d'aspect sinistre. La ville se divise en deux parties : la partie arabe et la partie européenne. Cette dernière n'existe que depuis le percement de l'isthme. La gare est au nord-ouest. A côté s'élève un magnifique hôpital anglais à l'usage des malades ou convalescents de l'armée de l'Inde.

Deux heures après midi.

Nous entrons dans le canal maritime qui se déroule devant nous, semblable à un long ruban bleu argenté. La navigation y est très-douce. C'est à peine si l'on sent que le navire marche. Mes compagnons et moi ouvrons de grands yeux et admirons cette œuvre gigantesque créée par le travail et le génie de l'homme. A l'entrée d'un chalet ombragé de treilles on me montre un buste qu'on me dit être celui de M. de Lesseps. Trois petits vagabonds suivent le *Calvados* en courant sur la rive : ce sont deux garçons, dont l'un est nu comme un ver, et une petite fille. Ils se disputent les sous que nous leur jetons. La fillette, qui peut avoir de onze à douze ans, n'en attrape guère ; n'importe, elle ne se rebute pas. Tous trois nous escortent ainsi pendant vingt minutes environ. Enfin, rouges, en nage, épuisés, hors d'haleine, ils se résignent à renoncer à nous et reprennent, heureux de leur aubaine, le chemin de leur misérable gourbi.

Lundi 29 septembre.

Nous avons traversé les lacs Amers et le lac Timsah. Rien de bien curieux, à part les îles, les presqu'îles, les isthmes, les baies, les détroits formés par les eaux capricieuses de ces lacs. Çà et là une caravane arabe, quelques masures abandonnées, des arbustes chétifs, rabougris, toujours les mêmes ; à gauche, le chemin de fer de Suez à Alexandrie, que longe le canal d'eau douce ; à gauche aussi, les poteaux télégraphiques et, de distance en distance, les gares où les bateaux stationnent pour attendre leur tour de passage. Ismaïlia est près du lac Timsah. Nous y arrivons à dix heures du matin.

Ismaïlia ! Ne trouvez-vous pas ce nom coquet ? Eh bien, la ville est plus coquette encore. Ce n'est plus, comme à Suez, une bande de sable basse, plate, nue, désolée ; ce ne sont plus des toits ou des terrasses grisâtres, non : ici tout est vert, couleur de l'espérance, et cela réconforte. Voir Ismaïlia après les côtes du golfe de Suez, c'est un délice comparable à celui qu'on éprouverait à boire un verre d'eau fraîche à bord du *Calvados*. On a établi à Ismaïlia des jardins superbes ; figuiers, orangers, grenadiers, pêchers, vignes y poussent à merveille ; il y a des avenues et de jolis chalets, entre autres celui de M. de Lesseps ; en un mot, Ismaïlia, au milieu du désert, ne manque ni d'eau, ni d'ombre, ni de fleurs. J'en conclus que c'est une ville rare, une vraie perle.

Même jour, 5 heures du soir.

Le canal est parfois si étroit qu'il faut prendre beaucoup de précautions pour y diriger un vieux sabot comme le *Calvados*. Des piquets indiquent de chaque côté la limite dans laquelle on doit se maintenir. Le commandant ne quitte pas un instant son banc de quart. C'est une bonne et sympathique figure que celle du «père» Rivière promenant son regard calme et bienveillant de l'avant à l'arrière du navire. Le voici debout, la tunique ouverte, le pantalon court, les pouces passés sous les bretelles, les longs favoris au vent et son éternel cigare à la bouche. Quelquefois il lui arrive de monter en cotte bleue, en grande houppelande et en chapeau garni de poil de roussette : alors il est tout à fait à l'aise. Il se soucie tellement peu du galon, que j'ai entendu tenir autour de moi des propos comme ceux-ci : « Notre commandant n'a pas d'uniforme, ayant usé le sien pendant l'insurrection canaque, et les seuls vêtements d'officier qui lui restent proviennent du capitaine de frégate qui s'est suicidé en faisant le voyage de France en Calédonie. » *Se non è vero, è bene trovato.*

Mardi, 30 septembre, 5 heures et demie du matin.

Le ciel est d'un gris terne, l'air est frais,

même assez vif. Aussi loin que peut s'étendre la vue, du sable, rien que du sable. C'est l'océan du désert. La lune, qui est dans son plein, descend lentement à l'occident. Tous les matelots sont à leur poste pour l'appareillage. A gauche, derrière nous, est un petit pâté de maisons. C'est là qu'habite le personnel de la gare, où nous avons passé la nuit. Derrière nous, le canal s'allonge à perte de vue.

Peu à peu, l'orient s'empourpre, la lune se couche à l'horizon opposé. Nous allons partir. On n'attend plus que le signal. Il se fait un grand calme. Le lieutenant Heurtel est debout sur le bastingage, à l'avant du navire, les mains dans les poches, la tunique boutonnée jusqu'au menton, l'œil à tout. C'est un Parisien, un homme jeune, mince, élancé, actif, vif, trop vif peut-être ; bon, mais ayant toujours le règlement en main, ce qui fait qu'on le trouve sévère. Sa grande silhouette se profile sur le ciel brumeux et la brise se joue dans ses longs favoris blonds. On n'entend que coups de sifflet, commandements brefs. Enfin l'orient, qui paraît en flammes, laisse poindre un petit segment du soleil. Au même instant, on largue les amarres. La machine est sous pression. Le commandant Rivière est sur la passerelle. Quand on aperçoit le disque entier du soleil, nous marchons.

Mercredi 1er octobre.

Nous sommes arrivés dans les eaux de Port-Saïd hier, entre neuf et dix heures du matin. Presque aussitôt le capitaine d'armes, avec qui, entre parenthèses, nous n'avons eu que de bons rapports, vint nous prévenir que le commandant demandait chez lui les chefs de poste. Nous y fûmes, mes trois collègues et moi. C'était pour nous présenter aux membres du comité local d'aide aux amnistiés. Grande fut notre surprise, et pas n'est besoin de vous dire combien nous nous sentîmes émus de nous trouver subitement en présence de compatriotes qui nous serrèrent les mains, nous offrant ainsi un avant-goût de la Patrie.

Avec la permission du commandant, nous conduisîmes ces messieurs dans les compartiments où étaient nos camarades. Ils y furent reçus avec enthousiasme ; puis, cette visite terminée, mon collègue Gironce et moi, nous descendîmes à terre. Quelques minutes après, grâce aux bons offices du comité, nous pûmes expédier au *Calvados* un énorme paquet de journaux. Plus d'une larme a coulé en lisant le compte-rendu de la réception faite en France à la *Picardie* et au *Var*.

Quant à nous, nous sommes restés à Port-Saïd, où nous avons passé la journée comme en famille, tantôt chez M. Oldrini, directeur de l'école laïque internationale, tantôt chez M. Serrière, imprimeur du *Bosphore de Suez*, tantôt chez d'autres citoyens, qui nous donnaient les marques les plus vives de fraternité républicaine. Le soir, nos deux autres collègues, MM. Bocquet et Bonnin - Volpesnil, étant venus nous rejoindre, un banquet nous fut offert, à l'issue duquel nous allâmes tous ensemble au grand café-concert l'Eldorado. A peine y étions-nous entrés, que la musique commença à jouer la *Marseillaise*. Touchés, électrisés, ne pouvant plus nous contenir, mes collègues et moi, nous nous mîmes spontanément à chanter les sublimes paroles de notre hymne national. De toutes parts on nous imita, et ce fut un spectacle vraiment émouvant que celui présenté alors par la vaste salle de l'Eldorado.

Le commandant Rivière, que le hasard avait amené là, perdra difficilement le souvenir de cette soirée.

Jeudi 2 octobre.

La journée d'hier a été consacrée à l'achat des provisions de bouche que le comité a généreusement offertes aux amnistiés du *Calvados*. Voici en quels termes nous avons remercié :

Port-Saïd, 1er octobre 1879.

A MM. les membres du Comité d'aide aux amnistiés, à Port-Saïd.

Messieurs,

L'accueil si fraternel que vous nous avez fait, les témoignages de sympathie dont vous avez honoré nos camarades qui, moins favorisés que nous, n'ont pu descendre à terre, nous ont tellement touchés que les expressions nous manquent pour vous exprimer notre reconnaissance. Heureusement qu'en de semblables occasions, quand les mains se sont serrées, quand les cœurs ont battu à l'unisson, les paroles sont superflues. Délégués des passagers civils du *Calvados*, nous vous dirons seulement ceci : Amis, vous avez compris qu'il y avait chez nous des misères à soulager, des souffrances à adoucir, et vous êtes venus. Encore une

fois, au nom de tous, merci, mille foi[s]
merci.

Les délégués des passagers civil[s]
du *Calvados*.

Vendredi, 3 octobre.

Hier à six heures du matin, le *Calvado[s]* quittait Port-Saïd pour faire route su[r] Port-Vendres, et aujourd'hui à onze heures, mon camarade Bocquet et moi, nou[s] pleurions comme deux enfants, en don[n]ant l'accolade d'adieu à MM. Oldrini, Ser[[rière, Guien, Obriot et aux autres homme[s] de cœur qui avaient à tout prix voulu nou[s] accompagner jusque sur le *Peï-ho*.

Je ne continuerai pas, bien entendu, ce[s] *Notes* qui, à présent, n'auraient plus d[e] raison d'être. J'en serais du reste complè[tement incapable. La pensée de la Patri[e] m'absorbe tellement, que je ne peux plu[s] écrire ni même lire. Je suis impatient, agité, fiévreux. Ma vie, c'est-à-dire mes affections, mes joies, mes maux, mes deuils, mes douleurs, mes rêves, mes espérance[s] d'autrefois, tout me revient à cette heure. J[e] me sens le cœur plein....

201 — IMP. C. MURAT, CHAUSSÉE D'ANTIN, 53

LE RETOUR

D'UN

AMNISTIÉ

NOTES ET IMPRESSIONS

D'UN PASSAGER DU *CALVADOS*

Par Jules RENARD

PARIS
IMPRIMERIE DE LA PETITE RÉPUBLIQUE FRANÇAISE
C. MURAT, 53, RUE DE LA CHAUSSÉE-D'ANTIN
—
1879

PRÉFACE

Les *Notes* de voyage, — et quel voyage ! — qui sont aujourd'hui réunies en brochure, ont déjà paru dans les colonnes de la *République française* (nos des 17 septembre, 4, 9 et 12 octobre 1879). Les lecteurs de ce journal ont été frappés du calme avec lequel un de ces hommes que l'amnistie partielle, l'amnistie sans grandeur, rendait à la patrie et à la liberté, parlait de ses souffrances, de ses aspirations, du gouvernement et de sa politique. Pas un mot de haine ! pas une ligne qui trahisse je ne sais quelle fièvre de *vendetta* révolutionnaire assez commune aux vaincus, lorsqu'ils rentrent dans leurs foyers aux acclamations d'une foule sujette à des accès de névrose.

M. Jules Renard a écrit ses *Notes* au jour le jour, tranquillement, honnêtement, en républicain, en philosophe et en artiste. Républicain, il place au-dessus des passions de parti, des ambitions vulgaires et des rancunes personnelles les intérêts suprêmes de la République, et il s'écrie avec une éloquence pénétrante :

Pourquoi faut-il qu'il y ait parfois, dans ce vieux pays de France, des vainqueurs et des vaincus, des proscripteurs et des proscrits ? Ce ne serait cependant pas trop des efforts, de la concorde, de la bonne foi et de l'intelligence de tous pour faire la patrie forte, prospère, respectée. Pour moi, j'ai beau avoir souffert, je ne veux à aucun prix me renfermer dans l'isolement de la haine. Le mot *représailles* est un mot que je déteste. Je n'admets pas que l'humanité soit condamnée à tourner fatalement dans un cercle arrosé de sang et de pleurs. Mon idéal est la paix, le travail, la vie de famille, la liberté, la conciliation, l'union. Assez de veuves, de mères inconsolables, d'orphelins ! *Go a head !* Il faut généreusement oublier le passé pour ne songer qu'à l'avenir. Le long et laborieux enfantement de la République est aujourd'hui terminé. A nous de la servir, cette chère République pour laquelle tant d'héroïques combattants sont morts ! A nous de contribuer à la rendre féconde ! A nous de nous grouper autour d'elle comme autour d'une mère aimée !

Philosophe, il subit sans murmurer tous

les désagréments de sa situation ; il ne proteste point contre la fatalité, ni contre l'autorité, ni contre l'inégalité. Je vous mets au défi de trouver, dans ses impressions de voyage, une seule phrase qui ressemble à de la déclamation ou à de l'orgueil. Ses compagnons de déportation et de retour, il les considère comme des membres d'une même famille, comme des vétérans d'une même cause, et il n'affecte jamais de les reléguer au second plan, quoiqu'il se sente supérieur à la plupart d'entre eux. Au contraire, on dirait que Jules Renard s'efforce de passer pour l'historiographe délégué des « passagers civils » du *Calvados*, tellement il évite la réclame et la biographie.

Artiste enfin, le rédacteur de ces *Notes* l'est dans toute la valeur du terme. Son style est simple, d'une humilité pleine de noblesse, si je puis ainsi le définir ; il a l'émotion, la sobriété, le coloris. Que de jolies scènes esquissées sur les pages de l'album de ce touriste malgré lui ! Voulez-vous un coucher de soleil en juillet, en plein Océan austral ?

Ce soir nous avons assisté à une scène splendide. Le soleil se couchait lentement à l'occident, tandis que la lune, par suite du balancement du navire, décrivait des courbes à l'horizon opposé, tantôt s'élevant, tantôt descendant comme un ballon gigantesque.

POUR PARAITRE PROCHAINEMENT

LETTRES INÉDITES

D'UN AMNISTIÉ

Par Jules RENARD

www.ingramcontent.com/pod-product-compliance
Lightning Source LLC
LaVergne TN
LVHW051459090426
835512LV00010B/2232